DES

# RÉFORMES A APPORTER

A

## *L'Organisation*

ET A

## *L'Administration*

DE LA

## JUSTICE EN ALGÉRIE

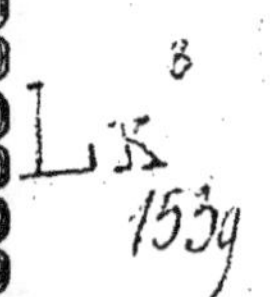

**BONE**

—

Imprimerie Centrale, Cours National, en face le Square

—

**1891**

# DES

# RÉFORMES A APPORTER

## A

## *L'Organisation*

### ET A

## *L'Administration*

### DE LA

### JUSTICE EN ALGÉRIE

**BONE**

—

IMPRIMERIE CENTRALE, COURS NATIONAL, EN FACE LE SQUARE

—

**1891**

*A Messieurs les Président et Membres de la Commission du Sénat nommée à l'effet d'étudier les réformes à apporter à l'organisation de l'Algérie.*

Messieurs,

J'ai l'honneur de répondre au paragraphe trois du Chapitre IV du questionnaire que vous avez bien voulu m'adresser.

Le fonctionnement de la justice en Algérie a lieu par la cour d'appel d'Alger, des tribunaux de première instance, des tribunaux consulaires, des justices de paix et des mahakmas (justices de paix musulmanes).

Je vais examiner successivement chacune de ces juridictions ; mais, au préalable, je crois devoir présenter certaines observations communes à nos magistrats de la cour d'appel, des tribunaux de première instance et des justices de paix.

Notre magistrature algérienne est recrutée autant que cela est possible parmi les jeunes gens licenciés en droit nés en Algérie, ou habitant l'Algérie depuis de longues années. La pensée qui a fait prévaloir ce principe est excellente.

Et, en effet, nos jeunes gens algériens sont habitués à notre climat et le supportent plus facilement que ceux qui arrivent en Algérie après s'être acclimatés en France.

Ils ont bien souvent, sinon une connaissance complète de la langue arabe, au moins des notions suffisantes de cette langue pour leur être dans bien des cas d'une grande utilité dans l'accomplissement de leurs fonctions ; enfin, ils sont au courant du caractère des mœurs, des pratiques et des coutumes des indigènes et ils trouvent dans cette expérience acquise par leurs relations de chaque jour avec eux, un guide des plus sûrs dans les décisions qu'ils ont à rendre.

A part de très rares exceptions, ils débutent dans la magistrature après leur vingt-cinquième année par des suppléances de justice de paix dans le sud de nos départements ; puis, toujours dans ces mêmes suppléances, ils se rapprochent du littoral. En moyenne ce n'est qu'après deux et quelquefois trois ans de fonctions de juge de paix suppléant qu'ils sont titularisés juge de paix.

Ils conservent cette dernière fonction pendant une période au moins égale à celle de leurs suppléances et ils ne sont enfin nommés juges d'un tribunal de première instance de troisième classe, qu'après cinq et six années de service dans les justices de paix.

Quel sort leur est alors réservé ? A quelle époque pourront-ils espérer une présidence, une vice-présidence, ou un poste de juge près un tribunal de première classe ?

Nul ne saurait le dire ; je connais, en effet, des juges de tribunaux de deuxième classe, instruits, intelligents, expérimentés, très bien notés par leurs chefs qui sont, après dix-sept et dix-huit ans de service à attendre encore leur première classe sans pouvoir même prévoir l'époque à laquelle ils l'obtiendront.

On leur donne bien de temps à autre, à titre de témoignage de satisfaction, un changement de résidence ; mais, le profit qu'ils tirent de ces nouvelles nominations au point de vue du climat se trouve bien diminué par les frais de toutes sortes qu'entraînent inévitablement avec eux le déplacement et parfois un long voyage de toute une famille.

Et cependant quelle existence ont-ils menée jusqu'à ce moment-là ?

Durant leurs fonctions de juge de paix suppléant ou de juge de paix, ils ont dû habiter des centres de cent à deux cents âmes à peine, dépourvus de tout confortable et parfois des choses les plus nécessaires et dans lesquels aucune relation ne peut se créer.

Leur circonscription étant très étendue il ne s'est pas écoulé de semaine qu'ils n'aient dû, en hiver ou en été et par n'importe quel temps, se transporter à soixante ou quatre-vingt kilomètres de leur justice de paix à travers des terrains sur lesquels parfois aucune route ni chemin n'est tracé ; et, pour réparer les fatigues de la journée, c'est à la tente d'un indigène qu'ils ont dû demander un abri.

C'est ainsi qu'ils ont vu disparaître une à une les belles années de leur jeunesse, loin de toute affection ; car, ils n'ont pu, dans de semblables conditions matérielles de l'existence, se créer un intérieur, une famille.

Quelle différence avec les magistrats de la Métropole !

En France, les justices de paix ne sont que très rarement les débuts des magistrats de carrière, elles constituent une juridiction à part, presque exclusivement réservée aux personnes du pays qui sont signalées à l'administration par l'estime dont elles sont entourées, par la légitime influence dont elles jouissent et par l'autorité qu'entraîne avec lui tout un passé d'honneur de probité et de dévouement à la chose publique.

Et encore, n'y a-t-il aucune comparaison à établir entre ces fonctions, toutes de considération et de calme, avec celles si pénibles et si laborieuses de juge de paix en Algérie.

Les débuts des magistrats de carrière ont lieu en France dans les suppléances près les tribunaux de première instance et dans les emplois de substituts près les procureurs de la République ; c'est-à-dire que l'étape la plus dure à parcourir se trouve du premier coup franchie, et, sans qu'on puisse en donner la moindre explication, on met ainsi sur le même pied deux magistrats, dont l'un en Algérie a parfois dix années de service et dont la nomination de l'autre, en France, ne remonte qu'à quelques jours à peine.

Quel résultat amène un semblable état de choses ? Un découragement complet parmi nos magistrats.

Ils font amplement leur devoir parcequ'ils ont conscience de la haute fonction dont le gouvernement les a investis. Mais, en dehors de cette considération morale, il en est d'autres d'un ordre moins élevé, j'en conviens, qui cependant malgré eux viennent assiéger leurs esprits.

Il leur faut non seulement vivre de la vie matérielle, mais encore tenir dans la société le rang que leur situation leur assigne ; il faut donner aux enfants l'instruction à laquelle ils ont droit. Il faut en un mot faire face aux mille et un besoins de l'existence.

Et ils devront attendre d'avoir près de 10 ans pour prétendre à un traitement supérieur à 350 fr. par mois alors que leurs parents ont fait pour eux de si grands sacrifices et que jusqu'à ce moment ils ont donné de si grandes preuves d'une entière abnégation.

Les causes auxquelles nous devons attribuer cet état de choses sont multiples.

L'existence d'une cour unique pour une étendue de territoire presque égale à celui de la France entière en est une des principales.

Et en effet, plus le nombre des emplois créés au sommet de l'échelle hiérarchique est restreint, moins sont nombreuses les vacances dans les emplois inférieurs ; on semble à la chancellerie avoir pour règle de faire un mouvement dans la magistrature debout pour deux mouvements dans la magistrature assise. C'est-à-dire que lorsqu'un poste de conseiller vacant à la cour d'Alger aura été comblé par la nomination d'un membre du parquet, il faudra attendre de longs mois encore pour qu'une nouvelle vacance se produise.

Et, même dans ce cas, ne pourra-t-on donner satisfaction qu'à sept ou huit membres au plus du personnel algérien.

Mais, je raisonne dans l'hypothèse où ce poste sera donné à un magistrat de l'Algérie.

Si c'est un magistrat de France qui l'obtient, tout mouvement en Algérie sera enrayé.

Je n'élèverais pas cette critique si dans la pratique la réciprocité était admise et si pour un magistrat de France venant en Algérie un magistrat algérien du même grade obtenait sa rentrée en France ; car, en somme, il y aurait compensation. Mais, on ne me contredira pas si j'avance que la rentrée en France est chose des plus difficile, pour ne pas dire presque impossible, pour nos magistrats algériens.

A quoi cela tient-il ? Je l'ignore.

Notre magistrature algérienne fait chaque jour ses preuves ; elle est avantageusement appréciée par tous ceux qui la voient à l'œuvre.

Et cependant, l'exclusion dont elle semble être frappée jointe à l'exception dont elle est l'objet au point de vue de l'inamovibilité, ne peut qu'amoindrir le haut prestige qu'elle doit avoir pour que ses décisions s'imposent aux justiciables.

Signaler le mal, c'est indiquer le remède à apporter à la situation.

Je suis donc d'avis qu'en dehors de la création de nouvelles cours, création que j'envisagerai plus loin, il est non seulement juste mais indispensable :

1° D'établir une égalité parfaite entre les magistrats de l'Algérie et ceux de la Métropole ;

2° De ne nommer aux postes vacants en Algérie des magistrats de la métropole que tout autant que des magistrats algériens de même grade solliciteraient leur rentrée en France.

Cette cour a quatre chambres, un premier président, quatre présidents de chambre et vingt-quatre conseillers.

Les fonctions du ministère public sont remplies par un procureur général assisté de quatre avocats généraux et de quatre substituts du procureur général.

La juridiction s'étend sur toute l'Algérie et la Tunisie entière. Elle a dans ses attributions, les appels des jugements des tribunaux civils et de commerce, la tenue des sessions des cours d'assises et les appels des affaires musulmanes de l'arrondissement d'Alger.

Par ce simple aperçu, et en rapprochant seulement l'étendue de son ressort des fonctions multiples que le législateur lui a assignées, on se fait sans peine à l'idée des difficultés que doit engendrer inévitablement chaque jour une si grande concentration des pouvoirs judiciaires et des inconvénients qui en sont la conséquence naturelle.

Mais ces difficultés et ces inconvénients ressortiront encore mieux si, aidés des statistiques officielles, nous nous livrons à l'examen comparatif des travaux de cette cour et de ceux des cours de France.

La dernière statistique des cours de France et d'Algérie est celle de 1887, publiée en 1889.

D'après elle il ressort que, durant cette année, la cour d'appel d'Alger a vu inscrire à son rôle comme appels civils ou de commerce et comme affaires musulmanes, en y comprenant le solde de l'année précédente, 2,306 affaires.

Les décisions de la chambre d'accusation ont été de 639 ; les appels dont la cour d'Alger a été saisie en matière correctionnelle se sont élevés à 615.

Reportons nous aux résultats accusés par les cours de la métropole et nous verrons que la cour d'Alger a eu à elle seule autant d'affaires civiles ou de commerce à juger que les cours réunies de Bastia, Amiens, Agen, Besançon, Bourges, Caen, Chambéry et Orléans.

Et, en effet, la cour de Bastia a eu 170 affaires civiles ou commerciales ; celle d'Amiens 323 ; celle d'Agen 315 ; celle de Besançon 383 ; celle de Bourges 263 ; celle de Caen 360 ; celle de Chambéry 250 ; et celle d'Orléans 253. Soit au total 2,317 affaires.

Nous retrouvons à peu près la même proportion au point de vue des appels interjetés en matière correctionnelle, puisqu'ainsi qu'il est rappelé plus haut la cour d'Alger en 1887 a eu à statuer sur 615 appels, alors que ceux soumis à la cour de Bastia se sont élevés à 110 et que ceux des cours de Bourges, Agen Chambéry et Besançon sont ensemble de 580.

Quant aux arrêts contradictoires rendus par les cours d'assises, ils sont au nombre de 555 et concernent 739 accusés, tandis que le nombre de ceux rendus par toutes les cours de France réunies s'élèvent à 3.261 et concernent 3.298 accusés.

Il ressort donc de ces chiffres indiscutables, puisqu'ils sont officiels, qu'au point de vue des arrêts en matière civile ou de commerce, le labeur imposé aux magistrats de la cour d'Alger est égal à celui des magistrats de huit cours de France et que les décisions rendues par les cours d'assises forment le 1/6 du total des arrêts prononcés par toutes les cours d'assises de la Métropole.

Voyons maintenant quels magistrats ont concourru à ces arrêts : 10 présidents ou conseillers composaient la cour de Bastia, 18 celle d'Amiens, 18 celle d'Agen, 18 celle de Besançon, 12 celle de Bourges, 18 celle de Caen, 11 celle de Chambéry, 12 celle d'Orléans, soit au total 117 magistrats, alors que le nombre des premier président, présidents de chambre et conseillers de la cour d'Alger n'est que de 29.

Et encore faut il ne pas perdre de vue que le service des assises dont la très grande importance vient d'être signalée, exige que trois conseillers au moins soient durant toute l'année détachés de la cour.

La conclusion à tirer de ces chiffres est la suivante :

La cour d'appel d'Alger a prononcé en 1887 autant d'arrêts à elle seule que les huit cours d'appel ci-dessus, tout en ne disposant que d'un personnel près de six fois moindre que celui des dites cours.

Alors se pose de lui-même le dilemme suivant :

Ou bien l'existence des 26 cours d'appel de France avec leurs 59 chambres et 521 présidents et conseillers doit être mise en discussion, ou bien la cour d'Alger ne saurait continuer à fonctionner dans l'état où elle se trouve actuellement.

Le maintien des cours de France malgré les frais considérables qu'elles occasionnent inévitablement chaque année, n'a certainement pas pour motif l'étendue de leur ressort ; car, depuis longtemps les chemins de fer ont eu pour conséquence de faire disparaître presque complètement les distances et de mettre le siège de la cour d'appel à quelques heures à peine du point le plus éloigné de la circonscription judiciaire.

L'exercice de ces cours se justifie uniquement par le temps que nécessite l'examen des causes, toujours importantes qui lui sont dévolues, une discussion encore plus approfondie des moyens développés en première instance et la rédaction d'arrêts qui fixent définitivement le droit sur ces litiges.

Mais ne manquera-t-on pas de m'objecter si l'argument que vous invoquez, en faveur du maintien des cours de France, doit être pris en considération, comment les magistrats d'Algérie peuvent-ils remplir leurs fonctions dans les conditions plus haut relatées ?

A cette question je répondrai que la cour d'Alger s'impose un véritable surmenage en doublant, triplant et quadruplant même le nombre de ses audiences réglementaires.

Et malgré cela la statistique publiée en 1889 nous apprend 1° que le nombre des affaires restant à juger au 31 décembre 1888 était de 961 ;

2° Que les arrêts rendus dans le courant de cette année concernaient 329 affaires portées aux rôles civil ou du commerce depuis un an au moins jusqu'à deux ans inclusivement.

Elle nous révèle aussi qu'il restait à juger 26 affaires enrôlées depuis plus de deux ans.

Je serais injuste si, en cette circonstance, je ne rendais hommage au dévouement constant de nos magistrats de la cour d'Alger ; leurs efforts sans cesse soutenus se sont toujours montrés à la hauteur de la tâche chaque jour croissante que le développement de la colonisation les oblige à remplir. Mais, les forces humaines ont une limite et d'autre part, en Algérie aussi bien qu'en France, la journée n'est que de 24 heures.

Aussi, si la cour d'Alger, telle qu'elle était constituée à son origine a, jusqu'à il y a quelque temps, suffi aux besoins de la colonie, personne ne me contredira lorsque j'affirmerai qu'aujourd'hui, par suite de l'augmentation de son ressort et de la population algérienne, il est d'une extrême urgence, qu'une modification soit apportée à cet état de choses.

Cette modification je pourrais la demander en invoquant le découragement qui doit gagner nos magistrats des justices de paix et des tribunaux de première instance ou encore en appelant à l'aide de mon argumentation le rôle très pénible assigné au personnel de la cour. Mais, ces considérations paraîtront peut-être d'un ordre secondaire.

Il en est d'autres qui frapperont davantage vos esprits.

Le juge doit, autant que possible, être rapproché du justiciable.

L'application de ce principe a pour conséquence de diminuer les frais occasionnés à ce dernier et de permettre une étude à la fois plus facile et plus complète de l'affaire, une expédition plus rapide des causes.

Enfin, elle procure bien souvent au magistrat un élément des plus utiles pour la décision qu'il a à rendre en lui fournissant l'occasion de savoir quelle personne il a à juger.

Les départements de Constantine et d'Oran retirent-ils ces avantages du fonctionnement d'une cour unique à Alger ? Évidemment non.

Et en effet, les frais purement judiciaires sont déjà considérables et seront encore plus élevés si le plaideur, pour la reconnaissance définitive en justice de son droit, est obligé, afin de se rendre a la cour de parcourir une trop grande distance.

C'est précisément ce qui arrive lorsqu'il s'agit de procès intéressant des personnes habitant les extrémités de ces deux départements. Un exemple me paraît nécessaire à ma démonstration.

Admettons que nous nous trouvions en présence d'un appel d'un jugement du tribunal de Bône rendu entre deux ou plusieurs personnes domiciliées dans l'arrondissement de La Calle.

Ces personnes peuvent, et c'est leur droit indiscutable, estimer que leur présence à Alger est indispensable ; elles devront alors pour se rendre dans cette ville venir d'abord à Bône, puis prendre le chemin de fer de Bône à Kroubs, puis celui de Kroubs à Alger, c'est-à-dire suivre un parcours de huit cents kilomètres environ.

Cette distance, à peu de chose près, correspond à celle qui sépare Paris de Marseille.

N'y a-t-il pas déjà dans ce fait un état d'infériorité des mieux caractérisé des habitants de ces deux départements vis-à-vis des populations de la France ?

A l'inconvénient que je signale, un autre non moins grave ne tardera pas à s'ajouter.

Personne n'ignore combien il est difficile d'instruire une affaire par correspondance. Il y a toujours quelques renseignements, des documents qui n'ont pas été fournis, quelques points que la partie n'a pas cru devoir mettre en lumière. La présence du client dans le cabinet du défenseur et même au moment des plaidoiries évite bien souvent des confusions que font naître un défaut de renseignements ou d'explications ou un dossier incomplet.

Si dans l'hypothèse que je viens de prévoir, un justiciable après fixation de son affaire pour être plaidée s'est rendu de La Calle à Alger et si par suite d'un empêchement quelconque le renvoi de son affaire à une audience ultérieure est prononcé, il ne faudra pas qu'il songe à retourner chez lui pour revenir à Alger à l'époque de la nouvelle fixation ; car, ce nouveau voyage lui prendrait encore six jours au moins.

Il est dans la situation où l'on se trouvait en France dans les premières années du siècle avant l'invention des chemins de fer, alors que pour se rendre d'un point du ressort au siège de la cour on devait passer un, deux et même trois jours en diligence.

Il attendra patiemment dans un hôtel à Alger l'expiration du nouveau délai qui lui est imposé. Et, durant tout ce temps inutilement perdu, il manquera à ses affaires et à sa famille.

Ces considérations ont encore un plus grand poids lorsqu'elles sont envisagées au point de vue des affaires commerciales et correctionnelles.

Les affaires commerciales exigent, en raison de leur nature, une très grande rapidité dans leur expédition.

Cela se conçoit aisément ; car, s'il est dans le commerce des situations de tout repos, il en existe d'autres (l'expérience nous l'apprend), qui changent d'un jour à l'autre ; et, qui, très prospères et très florissantes qu'elles paraissaient la veille, deviennent très mauvaises dès le lendemain?

Comment concilier ce caractère d'urgence avec les délais de distance (ils peuvent s'élever jusqu'à cinquante jours), que l'on doit observer avant de porter l'appel au rôle et aussi avec le séjour de ces affaires au rôle de la cour ?

En 1887, il restait à juger au 31 décembre 523 affaires inscrites depuis trois mois et moins, 85 inscrites depuis trois mois jusqu'à six mois, 235 inscrites depuis six mois jusqu'à douze mois, 92 inscrites depuis un an jusqu'à deux ans exclusivement et 26 inscrites depuis plus de deux ans.

Ces diverses affaires dont le total est de 921 ont dû inévitablement comprendre les appels en matière de commerce. Et, pendant que l'appelant était ainsi condamné à l'inaction par l'observation obligatoire de ces délais successifs, son adversaire tirant profit de la sentence rendue en premier ressort a pu avec l'exécution provisoire, que les tribunaux de commerce prononcent si souvent, réaliser les causes de ce jugement, puis devenir insolvable.

Aussi lorsque l'appelant aura obtenu gain de cause, il se trouvera avoir payé ce qu'il ne devait pas, avoir avancé des frais considérables, avoir fait de grosses dépenses ; et, tout cet argent sera perdu pour lui parce qu'il se sera écoulé trop de temps entre le jugement de première instance et l'arrêt de la cour d'appel.

En matière d'appels correctionnels ce ne sera plus la fortune du justiciable qui pourra être mise en péril par l'existence d'une cour unique à Alger.

Sa considération, son honneur pourront être compromis.

Il n'est pas rare de voir des inculpés condamnés en première instance et relaxés en appel.

Les tribunaux correctionnels sont en effet institués pour examiner à nouveau les faits sur lesquels les premiers juges se sont prononcés, et, infirmer, s'il y a lieu, les décisions dont les justiciables ou le ministère public ne se déclarent pas satisfaits.

Si la personne contre laquelle un jugement a été rendu peut faire face aux frais multiples de son voyage jusqu'à Alger, ce sera pour elle, une occasion de dépenses dont elle ne sera jamais remboursée. Le mal ne sera pas bien grand. Mais, si condamnée à l'emprisonnement ou pouvant encourir cette peine elle est, quoique non détenue, privée des ressources nécessaires à un si long parcours, elle ne pourra pas se défendre, son appel sera déclaré irrecevable et le jugement confirmé.

Et peut être cette personne était innocente du délit qui lui était reproché. Elle sera quand même considérée à l'avenir dans la société comme un repris de justice à l'expiration de sa peine.

Dans quel but prolongerait on davantage une situation si préjudiciable, à tous les points de vue, à nos intérêts.

Le seul motif mis en avant jusqu'à ce jour pour le maintien d'une cour unique à Alger est tiré de ce fait qu'il est indispensable que les tribunaux algériens s'inspirent d'une jurisprudence uniforme : ce qui n'aurait pas lieu si d'autres cours ou chambres d'appels étaient créées en Algérie.

Mais cet argument ne résiste pas à la discussion même la plus superficielle.

Et, en effet, qu'est ce qu'une jurisprudence ?

Un recueil de décisions rendues par des juridictions diverses. Quelle est son utilité ? Elle montre comment sont ou peuvent être interprétés dans leurs parties sujettes à controverses et à discussions les textes de lois dans lesquelles le législateur n'aurait pas apporté une clarté ou une précision absolue. Ce sont surtout les motifs de ces décisions qui peuvent avoir une influence sur le magistrat en se faisant accepter par lui.

Mais, si compacte et si unanime que soit, sur un ou plusieurs points, une jurisprudence des cours et des tribunaux, il n'y a pas obligation pour le juge de s'incliner devant elle, s'il pense que cette jurisprudence est erronée.

La seule qui fasse loi pour lui et qui doive le guider, est celle de la cour de cassation.

C'est, en effet, à la juridiction suprême qu'il appartient exclusivement de se prononcer en dernier ressort sur l'application des textes.

Les tribunaux d'Algérie ne sont donc pas d'avantage tenus, s'ils en contestent le bien fondé, d'obéir à la jurisprudence de la cour d'Alger, que les tribunaux de Cette ou d'Avignon à celle des cours de Caen ou de Chambéry ou même de Montpellier ou de Nîmes dans le ressort desquelles ils se trouvent ; car, au-dessus de ces cours est placée la cour de cassation, véritable et unique régulateur de la justice en France.

La cour d'Alger relevant directement d'une juridiction supérieure qui a le droit d'annuler ses décisions, doit donc être considérée comme les autres cours de France, et ce serait se buter contre l'évidence éclatante des faits que de vouloir lui reconnaître un caractère autre que celui qu'emporte avec elle sa dénomination de cour d'appel.

Ce ne sera donc pas sur ce terrain que mes contradicteurs, s'il en existe, placeront la discussion ; car, ils ne sauraient s'y maintenir bien longtemps.

Ils la transporteront d'eux-mêmes sur un autre point qui leur paraîtra peut-être plus favorable à leur système. Ils invoqueront la contrariété de décisions en matière d'appels musulmans qu'engendreraient la création de nouvelles chambres d'appel en Algérie.

S'ils agissaient ainsi, ils condamneraient eux-mêmes la cause qu'ils soutiennent.

Et, en effet, y a-t-il à proprement parler une jurisprudence en matière musulmane ? La plus grande partie de ceux qui ont eu à s'occuper tant soit peu des litiges qui naissent entre musulmans répondront avec moi négativement.

Ils diront qu'à part certains cas très rares, dans lesquels on peut, comme dans notre droit Français, avoir recours à des règles précises et des principes indiscutables, nos magistrats sont généralement appelés à statuer sur des questions de fait, ils jugent alors en équité, combinant dans la mesure du possible, notre droit avec les textes arabes où parfois règnent l'obscurité la plus profonde et la contradiction la plus manifeste.

Et puis, quelle est l'étendue de cette matière musulmane ?

Elle se renferme dans les questions intéressant le statut personnel des Indigènes et les demandes purement personnelles et mobilières ; car, aux termes de l'article 4 de la loi du 17 avril 1889, les musulmans sont justiciables de la juridiction française dans tous les cas où la loi française est applicable.

Enfin peut on véritablement dire que les arrêts rendus en matière musulmane par la cour d'appel d'Alger constituent une jurisprudence ?

Par une anomalie qu'il me semble bien difficile à justifier, l'article 37 de la loi du 17 avril 1889 dispose que tous les appels des jugements rendus par les cadis et les juges de paix, statuant en matière musulmane, seront portés devant le tribunal civil d'arrondissement ; mais il fait une une exception pour ceux des jugements des cadis et des juges de paix de l'arrondissement d'Alger qui doivent être portés *devant la cour.*

Par une autre anomalie encore moins explicable, l'article 50 de cette même loi, en interdisant tout recours en cassation contre ces arrêts ou jugements autrement que pour incompétence ou abus de pouvoir, a érigé les tribunaux de première instance et la cour d'Alger en véritables cours suprêmes.

Les jugements et arrêts ainsi rendus peuvent être considérés comme souverains.

Que devient dès lors la jurisprudence de la cour d'Alger en matière musulmane si elle peut être mise en échec par celle de tribunaux hiérarchiquement inférieurs, mais statuant néanmoins dans les mêmes conditions et avec les mêmes droits que cette cour.

Il n'y a donc pas de jurisprudence vraiment Algérienne ; il n'y a qu'une jurisprudence d'arrondissement que rien ne règle et où la contrariété de décisions peut et doit se manifester journellement.

Cet état de choses n'est autre, pour les populations indigènes, que celui vers lequel on entraînerait la France au point de vue de l'administration de la justice, si, demain, les pouvoirs publics décidaient la suppression pure et simple de la cour de cassation.

Que l'on n'invoque donc plus l'unité de jurisprudence en matière musulmane ; car, ainsi que je viens de l'établir, il peut se produire en Algérie en matière musulmane, autant de jurisprudences qu'il y a de tribunaux de première instance c'est-à-dire seize jurisprudences différentes.

La constatation de ce fait est au contraire l'argument le plus probant que l'on puisse mettre en avant pour démontrer que non seulement il n'est pas opportun de maintenir une cour unique en Algérie, mais qu'encore la création de nouvelles chambres d'appel s'impose.

Interprète des populations que j'ai l'honneur de représenter, j'ai signalé les défectuosités de l'organisation de notre cour d'appel actuelle, j'ai montré les inconvénients et les dangers qu'il y aurait à prolonger son maintien sans y apporter de modification.

Que Messieurs les membres de la commission du Sénat veuillent bien se reporter à la déclaration qu'ils ont reçu ces jours derniers de la part de M. Flandin, procureur général près la cour d'Alger.

Ils y verront tout au moins, en ce qui concerne l'expédition des affaires enrôlées à la cour et les difficultés qui naissent du nombre de ces affaires, que mes affirmations, appuyées d'ailleurs sur des statistiques officielles et corroborées par les paroles de ce haut fonctionnaire dont l'autorité qui s'attache à sa personne et à sa fonction ne saurait être mise en doute, n'ont rien d'exagéré.

Mais là ne se borne pas la tâche que je me suis imposée ; j'ai pour devoir d'indiquer maintenant comment on pourrait remédier à la situation. C'est ce que je vais faire.

A mon avis une cour unique à Alger, malgré les critiques qu'elle devait soulever à son origine, en raison de son éloignement de divers points de son ressort si étendu, avait sa raison d'être maintenue telle qu'elle avait été créée. Elle a rendu aux populations algériennes, tout en évitant à l'État de fortes dépenses, des services signalés auxquels, pour ma part, je suis heureux de rendre publiquement hommage.

Mais aujourd'hui, la colonisation est entrée dans une voie nouvelle, surtout depuis la remise à l'administration civile de ce que l'on appelait autrefois le territoire militaire ; des centres importants se sont créés entraînant avec eux l'installation de nouvelles justices de paix, de nouveaux tribunaux de première instance.

Le nombre des affaires s'est considérablement accru ; les besoins se sont montrés plus pressants en raison des transactions civiles et commerciales qui se multiplient chaque jour et du nombre des affaires correctionnelles ou criminelles dont nos parquets et surtout celui de la cour sont littéralement encombrés.

Nous assistons à ce spectacle affligeant de personnes qui par suite de l'éloignement de la cour, parce qu'il faut faire coïncider l'époque à laquelle elles comparaîtront devant les assises avec la tenue des sessions, parce que le rôle de la chambre des mises en accusation est trop chargé, par les retards et qui sont la conséquence forcée d'une correspondance obligatoire avec des parquets dont le siège est à 5 et 600 kilomètres, subissent une détention préventive de deux et même trois mois supérieure à celle qui leur serait imposée si la leur fonctionnait normalement.

On s'est élevé en France contre la détention préventive ; et, cependant, il n'est guère d'exemple que sa durée soit supérieure à trois ou quatre mois.

Que l'on jette un coup d'œil sur nos cours d'assises : que l'on consulte les statistiques et on y verra que les accusés, indigènes en très grande partie, ne comparaissent jamais devant leurs juges sans avoir séjourné au préalable dans les prisons, six, sept et même dix mois.

En matière d'appels correctionnels, ce sera bien pis. Car, si étant détenus ils ne sont condamnés qu'à huit ou quinze jours et même à trois semaines de prison, il leur arrivera d'avoir, avant de pouvoir comparaître devant la cour, déjà purgé au préalable leur condamnation, obligés qu'ils sont d'attendre le jour du départ du convoi et celui de l'appel de leur affaire devant une chambre des plus occupées.

Aussi, est-ce avec toute l'énergie qu'éveille en moi une situation si remplie d'inconséquences et de dangers, par la fortune, l'honneur et la liberté des populations dont vous avez pris la cause en mains que je viens vous dire : « Une cour unique à Alger a fait son temps. A une situation nouvelle, il faut une nouvelle organisation de la justice ».

J'ai l'honneur de vous proposer la création de deux cours : l'une dans le département de Constantine, l'autre dans le département d'Oran.

Certains esprits pénétrés d'un sentiment exagéré de centralisation ne manqueront pas, je le prévois déjà, de dire que ma proposition aura pour conséquence, si elle est accueillie, de faire descendre la cour d'Alger, au point de vue de la statistique, du rang auquel elle s'est élevée et dans lequel elle se maintient depuis quelques années.

La cour d'Alger, j'en conviens avec une certaine satisfaction que je ne saurais cacher, car je suis un enfant de l'Algérie, occupe le second rang parmi toutes les cours de France dans le compte-rendu de l'administration de la justice.

Mais, est-ce une raison pour qu'on la maintienne dans l'état où elle existe actuellement ?

Que m'importe à moi, qu'elle vienne directement après la cour de Paris si les conséquences de son fonctionnement actuel doivent être si funestes à la colonie.

Tout sentiment personnel doit s'effacer devant l'intérêt général.

Nos magistrats de la cour eux-mêmes ne peuvent que partager mon opinion ; car, ils sont encore mieux que moi, par leurs fonction, par l'intérêt qu'ils portent à l'administration de la justice, et dont ils font preuve journellement, en situation d'en approuver le bien fondé.

Et, si jusqu'à ce jour, ils n'ont pas nettement formulé cette proposition, ce ne doit être uniquement que parce que la demande de crédit qui en découlerait aurait été sa propre condamnation.

Aujourd'hui vous faites appel à tous les concours, vous demandez que la discussion soit aussi large que possible : vous voulez être complètement éclairés.

Nous n'avons rien de plus à vous proposer des combinaisons ou des moyens termes.

C'est pourquoi je vais droit au but ; à vous de décider si les sacrifices que comportera ma proposition sont en rapport avec les avantages qui en seront la conséquence.

Je viens de demander la création de deux cours. Comment justifier cette proposition ?

Je n'ai besoin pour cela que de faire un nouvel appel à la dernière statistique officielle.

Elle m'apprend, en effet, que dans le courant de l'année 1887, la cour d'appel d'Alger a vu inscrire à son rôle 368 appels civils et 158 appels de commerce, soit ensemble 526 appels de jugements rendus par les tribunaux consulaires ou de première instance du département de Constantine.

J'y vois aussi que les arrêts contradictoires rendus par les cours d'assises de Constantine et de Bône se sont élevés à 190.

Il m'a été impossible de savoir exactement quels ont été les appels correctionnels de ce département, car les documents officiels sont muets sur ce points.

Mais je ne crois pas commettre une exagération en disant qu'ils doivent avoir été de 225 au moins, puisque le nombre des appels correctionels pour toute l'Algérie est de 615.

Quant au département d'Oran, il a eu 231 appels civils, 158 appels de commerce, soit ensemble 492 appels civils et du commerce.

Les arrêts de la cour d'assises ont été au nombre de 81 contradictoires, plus 11 par contumace.

Le nombre des appels correctionnels doit être fixé à 200 environ.

Ces chiffres sont assez éloquents par eux-mêmes ; mais ne perdons pas de vue qu'ils ont trait à une période éloignée déjà de quatre années, durant lesquelles l'Algérie a vu sa population s'accroître et sa colonisation se développer.

Ils le seront bien plus encore si nous les rapprochons des résultats des cours de France.

Et, en effet, pendant la même période il a été enrôlé au titre des affaires civiles et de commerce : à la cour d'appel de Bastia, 119 affaires ; à celle de Chambéry ; 106, à celle de Bourges, 187 ; à celle d'Orléans, 189 ; à celle d'Angers, 209 ; à celle d'Agen, 238 ; à celle d'Amiens, 263 ; à celle de Caen, 287 ; à celle de Besançon, 287 ; à celle de Dijon, 279 ; à celle de Grenoble, 220 ; à celle de Limoges, 259 ; à celle de Nîmes, 281 ; à celle de Poitiers, 219 ; à celle de Pau, 253 ; à celle de Nancy, 319 ; à celle de Riou, 395 ; à celle de Rouen, 393 ; à celle de Rennes, 114 ; et à celle de Toulouse, 155.

Si donc, la cour d'appel du département d'Oran avait été créée, elle aurait déjà depuis 1887, laissé derrière elle, au point de la statistique des appels civils et de commerce 20 cours de France sur 26.

Quant à celle du département de Constantine, elle n'aurait eu devant elle que les cours de Paris et Bordeaux et celle de Lyon avec ses 740 affaires nouvelles.

Au point de vue criminel les cours de France ont donné les résultats suivants :

La cour de Bourges a rendu 18 arrêts contradictoires, celle de Chambéry 27, celle de Grenoble 51, celle de Bastia 61, celle de Limoges 62, celle de Nancy 79, celle de Pau 62, celle de Besançon 85, celle de Nîmes 78, celle d'Agen 90, celle de Poitiers 93 celle d'Angers 98, celle d'Orléans 98, celle de Toulouse 98, celle de Rion 102, celle de Rouen 121, celle de Caen 130, celle de Dijon 96, celle de Douai 132, celle de Lyon 133, celle de Montpellier 135, celle d'Amiens 146, celle de Bordeaux 155, celle d'Aix 198, celle de Rennes 211 et celle de Paris 568.

A ce nouveau point de vue, la cour du département de Constantine aurait donc tenu le quatrième rang, après celle de Paris, Rennes et Aix.

Quant à celle du département d'Oran, elle aurait laissé derrière elle les cours de Chambéry, Bourges, Grenoble, Limoges, Bastia, Nancy, Nîmes et Pau.

De telles constatations se passent de tous commentaires.

Quels sont les frais qu'entraîneraient les deux créations que je propose.

Nous avons vu que la cour d'Alger se compose actuellement de : un premier président, quatre présidents de chambre, vingt-quatre conseillers, un procureur général, quatre avocats généraux et quatre substituts du procureur général.

Les cours des départements d'Oran et de Constantine pourraient fonctionner chacune avec un premier président, un président de chambre, dix conseillers, un procureur général, un avocat général et un substitut du procureur général.

Quant à la cour d'Alger, comme le nombre de ses affaires se trouve augmenté de celui des appels rendus en matière musulmane par les tribunaux de la Kabylie, elle aurait deux chambres et se composerait à l'avenir de : un premier président, un procureur général, et, par chaque chambre, un premier président, sept conseillers, un avocat général et un substitut du procureur général.

Le nouveau personnel des trois cours comprendrait donc trois premiers présidents, quatre présidents de chambres, trente-quatre conseillers, trois procureurs généraux, quatre avocats généraux et quatre substituts.

D'où une augmentation sur le personnel actuel de deux procureurs généraux, deux premiers présidents et dix conseillers.

Or comme le traitement annuel d'un premier président ou d'un procureur général est de 13,000 francs et celui d'un conseiller de 7,000 francs, c'est donc en somme un nouveau crédit de 112,000 francs à ajouter à celui accordé chaque année pour le fonctionnement de la justice en Algérie.

Je ne m'occupe pas des fonctions à créer des greffiers, commis greffiers et interprètes, ainsi que des emplois de chaouchs près les nouvelles cours ; car, à peu de chose près, les traitements de ces fonctions et emplois se trouveront compensés par la suppression des postes équivalents près la cour d'appel d'Alger actuelle.

Et encore faut-il ajouter qu'en réalité il n'y aura pas une augmentation de dépenses de 112,000 francs, puisque par suite de la création de ces deux nouvelles cours, l'État profiterait d'une diminution considérable des frais de transport des prévenus correctionnels et des frais de nourriture et d'entretien d'environ 500 accusés dont la détention préventive sera diminuée de deux et même trois mois.

Cette diminution pourrait être évaluée en bloc à 12,000 francs.

Le chiffre de 112,000 francs se trouverait donc ainsi ramené à 130,000 francs seulement.

Je pourrais aussi comprendre dans mes calculs les appels plus nombreux qui seront la conséquence de ces créations et démontrer que par les droits relativement élevés que l'État percevrait il rentrerait dans la plus grande partie de ces nouvelles dépenses.

Mais je ne veux pas avoir recours à cet argument,

Doit il y avoir dans nos esprits la moindre hésitation à accepter cette augmentation de crédit ? Je ne le pense pas.

Il ne s'agit pas en effet de modifications à apporter à un service dont le fonctionnement s'exerce normalement depuis de longues années dans un pays où tout a été créé.

L'Algérie, après avoir péniblement traversé la période de conquête et de pacification, a aujourd'hui vaincu les difficultés si ardues que toute colonie rencontre à ses débuts. Au fur et à mesure que la colonisation s'est avancée dans le sud, de nouveaux centres se sont créés et ont eu pour conséquence de développer les centres anciens.

Grâce au bienveillant concours que la Mère-Patrie nous a toujours prodigué, il a sans cesse été fait face, en toutes circonstances, et surtout au point de vue de l'administration de la justice, aux besoins qui découlaient de ces installations de centres nouveaux et de ces développements de centres anciens.

Dernièrement encore les pouvoirs publics émus de la situation fâcheuse faite aux habitants de certaines régions, ne demandaient-ils pas eux-mêmes et n'obtenaient-ils pas des Chambres de nouvelles créations de justices de paix et de tribunaux de première instance ?

Ils appuyaient précisément leurs propositions sur les arguments que j'invoque aujourd'hui, et ces motifs étaient agréés.

Comment donc contesterait-on aujourd'hui le bien fondé de ma demande ?

Les rouages de notre mécanisme judiciaire algérien ont été considérablement augmentés dans son fonctionnement au premier degré.

Aussi, ne s'adaptent-ils plus aujourd'hui que très imparfaitement à ceux du second degré.

Il vous appartient par la création de deux nouvelles cours de compléter notre outillage judiciaire. Vous rétablirez ainsi cette harmonie, base fondamentale de toute bonne administration de la justice.

Ne nous refusez donc pas dans cette circonstance votre bienveillant et puissant appui. Demandez en notre nom à la France le nouveau sacrifice qu'elle est appelée à s'imposer et vous éviterez que sans motifs (celui tiré de l'augmentation des dépenses ne devant pas être pris en considération), la fortune, l'honneur et la liberté individuelle des habitants d'un territoire presque aussi étendu que celui de la Mère-Patrie, puissent être compromis.

Je vais examiner maintenant le fonctionnement des justices de paix.

Les juges de paix en Algérie sont divisés en deux catégories bien distinctes ; ceux à compétence étendue et ceux à compétence ordinaire.

Les juges à compétence ordinaire ont les mêmes attributions que leurs collègues de France et siègent dans les chefs-lieu d'arrondissement. Leur nombre s'élève à 17.

Quant aux juges de paix à compétence étendue ils sont au nombre de 81 ; ils statuent en dernier ressort jusqu'à 500 fr. en matière civile, commerciale et musulmane et jusqu'à 1,000 fr. en premier ressort, sauf pour les affaires musulmanes pour lesquelles leur compétence est illimitée.

De plus, en matière correctionnelle, ils connaissent de tous les délits et contraventions pour lesquels la peine à appliquer est inférieure à six mois de prison et cinq cents francs d'amende et en matière de simple police de toutes les contraventions de la compétence des tribunaux correctionnels.

Ils ont en outre les attributions de présidents de tribunaux de première instance, en matière de référé ; enfin, ils sont chargés aussi de la constatation et de l'instruction de tous les crimes et de tous les délits qui se commettent dans leur ressort.

On peut donc dire d'eux qu'ils tiennent la place de véritables tribunaux de première instance qui fonctionneraient avec un juge unique.

Les juges de paix tant à compétence étendue qu'à compétence ordinaire ont vu durant l'année 1887, porter à leur barre :

1° 51.991 affaires appelées en conciliation en dehors de l'audience ; 2° 1.119 affaires en conciliation conformément aux articles 48 et suivants du code de procédure civile. Ils ont eu à statuer sur 23.778 affaires civiles ou commerciales et sur 60.352 affaires musulmanes ; soit au total sur 137.270 affaires.

La moyenne des décisions qu'ils ont rendues en matière civile, de commerce ou musulmane a donc été de 1.300 par justice de paix.

Le nombre des jugements qu'ils ont prononcés en matière de simple police s'est élevé à 45.402 soit en moyenne à 420 par justice de paix.

Ceux en matière correctionnelle ont été de 2 780.

Les juges de paix ont en outre présidé 1.522 conseils de famille, reçu 1 620 actes de notoriété et 112 actes d'émancipation et procédé 515 fois à l'opposition de scellés.

La statistique des cours de France nous apprend que tous les juges de paix réunis de la Métropole ont eu en 1887 à statuer sur 1.780.716 affaires appelées en conciliation en dehors de l'audience, 40.149 affaires en conciliation et 319.813 affaires civiles, soit au total sur 2.140 708 affaires civiles ; ce qui donne, le nombre des justices de paix étant de 2.870, une moyenne de 748 affaires par justice de paix. En matière de simple police, le nombre des contraventions a été de 383.362, d'où une moyenne de 169 par justice de paix, le nombre des tribunaux de simple police n'étant que de 2.670.

Du rapprochement de ces chiffres, il résulte donc déjà que chacun de nos juges de paix algériens a à juger près du double des affaires civiles soumis s à ses collègues de France, et que les contraventions sur lesquelles il a à statuer, sans y comprendre les délits correctionnels, sont trois fois plus nombreuses que celles soumises aux juges de paix de la Métropole.

Là ne se limitent pas les fonctions des juges de paix à compétence étendue en Algérie ; il leur faut encore remplir les fonctions de président au point de vue des référés et des mesures urgentes ou provisoires ; et ce n'est pas la partie la moins délicate de leurs attributions.

Mais tout ce travail, si considérable qu'il soit, ne représente à proprement parler que la tâche à la fois la plus facile et la moins lourde imposée à nos juges de paix à compétence étendue par la législation algérienne.

Ces magistrats doivent aussi, ainsi que je viens de l'exposer, procéder non seulement à la constatation, mais encore à l'instruction des crimes et des délits commis dans leurs circonscriptions.

La constatation de ces crimes et délits les oblige, selon l'étendue du ressort de la justice de paix, à se transporter la plupart du temps à 60 et même 80 kilomètres sans pouvoir utiliser ni voie ferrée, ni route, ni même parfois le plus mauvais chemin. Et ce n'est qu'après deux, trois et même quatre jours d'absence qu'ils rentrent chez eux ; car, la constatation des faits matériels achevée, ils devront dresser un croquis des lieux du crime, procéder à l'interrogatoire sommaire des personnes présumées coupables, des premiers témoins indiqués, des membres des familles de la victime et des accusés et se livrer à toutes investigations et perquisitions utiles.

Puis, lorsqu'ils seront de retour au siège de leur justice de paix, alors commencera pour eux le véritable rôle de juge d'instruction qui leur est dévolu par la loi.

Ils auront à entendre à nouveau tous les témoins dont la déposition leur paraîtra utile à la manifestation de la vérité, à consigner par écrit les déclarations qu'ils auront reçues, à procéder aux confrontations légales, à dresser procès-verbal de ces confrontations et enfin à faire parvenir avec un rapport circonstancié les dossiers de ces affaires au procureur de la République. Car, ce sera cette instruction qui servira de base au ministère public, pour soutenir l'accusa-

tion devant le tribunal correctionnel ou devant la cour d'assises.

Il ne m'est pas possible d'indiquer à quel chiffre s'élève la moyenne de ces informations par justice de paix ; car, aucun état traitant cette question n'est joint à la statistique de 1887. Mais, des renseignements qui m'ont été fournis, il résulterait qu'il n'est pas rare de voir des juges de paix procéder à 150 et même 200 informations chaque année.

Joignez à tout cela la surveillance et l'administration du personnel qu'ils ont sous leurs ordres, les renseignements qui leur sont demandés à chaque instant par leurs chefs hiérarchiques, les travaux de statistique qu'ils doivent produire trimestriellement, semestriellement et annuellement, et vous vous rendrez compte alors du fonctionnement de nos justices de paix à compétence étendue.

L'organisation de ces justices de paix présente, j'en conviens, de très grands avantages relativement à la diminution des frais à supporter par le justiciable et aux dépenses peu élevées qu'elle occasionne à l'Etat, comme aussi au point de vue de la rapidité dans la constatation des crimes ou des délits. Mais elle me paraît susceptible de modifications.

Nous venons de voir que les fonctions de juge de paix se divisent elles-mêmes en deux parties : d'une part celles que ce magistrat remplit lorsqu'il siège dans son prétoire, et d'autre part celles qu'il accomplit lorsqu'il procède aux informations et instructions.

Je reconnais qu'il n'est pas indispensable d'avoir une très grande expérience ni une très grande pratique des affaires pour remplir cette dernière fonction.

Elles exigent surtout de la perspicacité, beaucoup de bon sens, de l'assiduité et un dévouement soutenu aux exigences de la profession. Pourquoi ne les donnerait-on pas exclusivement en y ajoutant la tenue des audiences correctionnelles et de simple police aux juges suppléants, c'est-à-dire aux personnes qui font leurs débuts dans la magistrature algérienne et qui par leur âge sont toutes désignées pour remplir cette tâche ?

Les audiences civiles, commerciales et musulmanes ainsi que l'administration du personnel seraient, en raison de leur grande importance, réservées aux juges de paix. Mais alors chaque justice de paix à compétence étendue devrait être pourvue d'un suppléant rétribué et aucune nomination de juge de paix titulaire ne devrait avoir lieu si le candidat ne justifiait soit d'un stage effectif de dix ans à la barre comme avocat ou avoué, soit de l'accomplissement pendant une période de trois ans au moins des fonctions de juge près un tribunal de première instance.

L'accueil de ma proposition va rendre, en raison des conditions qu'elle renferme, le recrutement, en Algérie, des juges de paix titulaires plus difficile ; car on ne trouvera que bien rarement un avocat inscrit au barreau depuis dix ans au moins ou un avoué ayant dix années d'exercice qui consentirait à accepter ces fonctions avec les traitements actuels.

De même, jamais un juge près un tribunal de troisième classe dont le traitement est de 3,700 francs, ne sollicitera, à titre d'avancement, même une justice de paix de première classe,

Il y a cependant un moyen d'aplanir cette difficulté. On n'aura qu'à élever leur traitement.

Il existe aujourd'hui quatre classes de juges de paix ; à la quatrième classe est affecté un traitement de 2,700 francs, à la première un traitement de 4,000 francs. Pourquoi maintenir plus longtemps toutes ces classes, dont l'utilité est des plus contestables ?

Que la France s'impose le sacrifice que commande la situation. Qu'elle donne à tous les juges de paix un traitement uniforme de 4,500 francs. Elle créera en même temps un nouveau débouché aux juges des tribunaux de deuxième classe et un poste intermédiaire entre ces dernières fonctions et celles de président de troisième ou de juge de première classe.

Elle assurera ainsi un excellent fonctionnement de nos justices de paix d'Algérie.

Voyons maintenant s'il n'y aurait pas lieu d'apporter une réforme dans les attributions des juges de paix à compétence étendue.

Leur compétence déterminée par le décret du 19 août, 22 novembre 1851, doit-elle être maintenue ?

J'approuve sans réserves que les juges de paix à compétence étendue aient le droit de connaître en premier ressort en matière civile et commerciale de toutes les demandes personnelles et mobilières ne s'élevant pas au-dessus de mille francs.

Je m'abstiens de parler actuellement des demandes en matière musulmane ; car, mon intention est de traiter plus loin et séparément cette partie du questionnaire.

La pensée qui a dicté cette disposition législative est facile à concevoir.

On a voulu que, pour des litiges relativement peu importants, le justiciable ne fut pas obligé de subir les grands dérangements de voyages successifs au chef-lieu d'arrondissement ; de faire l'avance de frais aussi élevés que ceux que nécessite une affaire devant un tribunal de première instance et nullement en rapport avec le montant de la demande.

On a enfin agi ainsi surtout dans le but de procurer aux parties une justice plus rapide et le moyen d'arriver parfois à un arrangement ou à une transaction devant un magistrat unique, vivant dans le même centre qu'elles et pouvant avoir, avec elles, des relations,

Mais, on ne devrait pas, selon moi, maintenir à cinq cents francs leur compétence en dernier ressort.

Ce chiffre doit être ramené à trois cents francs.

Je base mon avis sur les considérations suivantes :

En France, aux termes de la loi du 25 mai 1838, laquelle est applicable en Algérie aux justices de paix à compétence ordinaire, les juges de paix ne statuent, en dernier ressort, que jusqu'à la somme de cent francs. Dès que le montant de la demande dépasse ce chiffre, l'affaire est sujette à appel.

Si le législateur a fixé à cent francs la compétence des juges de paix en dernier ressort, ce n'est que parce qu'il a estimé qu'il serait imprudent d'ouvrir la voie de l'appel pour des sommes inférieures à ce chiffre.

Il a, sans doute, aussi pensé que lorsqu'il s'agit de semblables litiges, il y a intérêt pour tout le monde à mettre le plus tôt possible un terme au procès et à ne pas prolonger d'avantage la situation d'adversaire entre les parties en cause.

En Algérie, les circonstances et surtout les conditions dans lesquelles se trouvent les parties ne sont plus les mêmes.

Les ressorts de justices de paix à compétence étendue sont 5, 6 et même 10 fois plus grands que ceux des justices de paix de France. Les tribunaux de première instance sont très éloignés des sièges des justices de paix. Enfin, si l'on adoptait les propositions que j'ai formulées plus haut, les titulaires des justices de paix seraient non seulement des l cenclés en droit, mais encore, des personnes ayant, par les fonctions qu'elles ont précédemment remplies, une très grande pratique des affaires.

Ces considérations militent sans conteste en faveur de l'augmentation de la compétence en dernier ressort des juges de paix. Mais, cette augmentation ne saurait être élevée jusqu'à cinq cents francs.

Et, en effet, une pareille somme constitue souvent tout le patrimoine disponible d'un petit cultivateur.

Les parties dépourvues de tous conseils, généralement ignorantes des dispositions si multiples et si diverses de notre législation peuvent s'être défendues incomplètement devant le juge du premier degré ; ce magistrat a aussi pu être induit en erreur.

Pourquoi laisser ainsi sa décision sans recours possible et permettre par une sentence que des juges d'appel auraient pu infirmer que la ruine de la partie qui aura succombée soit peut-être consommée?

Il y a donc un juste milieu à tenir : ce serait d'abaisser à 300 francs la compétence en dernier ressort de nos juges de paix à compétence étendue.

Je ne formule aucune critique relativement à la compétence des juges de paix ordinaires.

## DE LA JUSTICE EN MATIÈRE MUSULMANE

Il n'est pas à mon avis sans intérêt, avant d'aborder cette question, de retracer en quelques mots au point de vue historique seulement, les diverses transformations subies par la législation musulmane avant la promulgation du décret du 17 avril 1889 qui régit actuellement les populations indigènes musulmanes de l'Algérie.

Le 22 octobre 1830, un arrêté du gouverneur général donnait juridiction souveraine et sans appel aux cadis pour toutes les causes civiles, commerciales, correctionnelles et criminelles entre musulmans. Cet arrêté leur attribuait aussi juridiction, mais à charge d'appel pour les contestations entre musulmans et israélites.

Le 16 août 1832 intervenait un second arrêté qui enlevait aux cadis leur souveraineté dans les causes correctionnelles et criminelles entre musulmans et israélites.

Puis une ordonnance royale du 28 février 1841 supprima la juridiction criminelle de cadis et ne la maintint que pour les territoires en dehors de ceux soumis aux tribunaux ordinaires français.

Les 31 décembre 1859 et 11 janvier 1860 parut un décret impérial qui procéda à la nouvelle réorganisation de la justice musulmane en Algérie. Ce décret, à peu de chose près, n'est que la reproduction de celui du 1er octobre 1854.

Aux termes de l'article premier du décret des 31 décembre 1859 et janvier 1860, la loi musulmane régissait toutes les conventions et toutes les contestations civiles ou commerciales entre indigènes musulmans ainsi que des questions d'État. Toutefois la déclaration faite dans un acte par les musulmans qu'ils entendaient contracter sous l'empire de la loi française entraînait l'application de cette loi et la compétence des tribunaux français.

Enfin, les parties pouvaient aussi d'un commun accord porter leurs différents devant le juge français.

L'article 3 de ce décret attribuait compétence aux tribunaux français pour la répression des crimes, délits et contraventions prévues et réprimées par les lois Françaises.

L'article 17 attribuait à charge d'appel lorsque l'action personnelle et mobilière s'élevait à plus de deux cents francs et lorsque l'action immobilière était supérieure à vingt francs de revenus, compétence aux cadis sauf les exceptions ci-dessus relatées, pour toutes affaires civiles et commerciales entre musulmans ainsi que pour les questions d'État.

Ce décret n'était applicable ni à la Kabylie ni à la région en dehors du Tell.

Comme on le voit, les attributions des cadis se trouvaient, par la promulgation de ce décret et du décret du 1er octobre 1854, considérablement diminuées en suite de la suppression de leur juridiction en matière correctionnelle et criminelle.

Je ne parle pas de la compétence de ces magistrats dans les causes entre musulmans et israélites, car cette compétence ne s'est exercée que pendant deux ans à peine tellement elle avait peu sa raison d'être et tellement elle était contraire à l'administration d'une saine justice.

On paraissait bien vouloir atteindre les cadis aussi dans leur juridiction civile et commerciale ; mais, l'on agissait avec la plus grande circonspection, je dirai plus, avec une certaine timidité.

Et, en effet, quelles pouvaient être les conséquences pratiques du paragraphe 2 de l'article 1er et de l'article 1er du décret du 14 janvier 1860 ? Il suffisait que l'une des parties déclarât vouloir accepter la juridiction française pour que son adversaire, obéissant à un sentiment de méfiance, se refusât à comparaître devant cette juridiction d'exemption. L'affaire devait alors être soumise au cadi.

D'autre part, jamais il ne devait venir à l'esprit des indigènes de stipuler dans leur contrat qu'ils entendaient contracter sous l'empire de la loi française. Aussi ces dispositions ne furent-elles jamais ou presque jamais appliquées.

Le 11 septembre 1860, un arrêté ministériel faisait faire un nouveau pas en avant en décidant que les appels des jugements rendus en premier ressort par les cadis seraient à l'avenir portés devant les tribunaux de première instance dans lesquels, spécialement pour ces affaires, entrerait avec voix délibérative un assesseur musulman.

Mais un décret impérial du 31 décembre 1866 vint maintenir à nouveau la compétence des cadis pour toutes les contestations entre musulmans indigènes et l'étendit même à celles entre musulmans indigènes et musulmans étrangers.

Depuis ce moment jusqu'au 10 décembre 1886, il n'y a pour ainsi dire pas de modifications importantes apportées à la législation, en matière musulmane. Les décrets publiés durant cette période, ne sont que de simples réglementations de la procédure à suivre dans les instances.

Néanmoins des réclamations s'élevaient de tous côtés contre le fonctionnement de la justice musulmane et surtout contre les attributions des cadis.

Les corps élus, avec l'autorité que revêtent leurs délibérations, demandaient dans des vœux motivés que des réformes qu'ils précisaient fussent apportées au plus tôt à cet état de choses des plus critiquables, les magistrats eux-mêmes signalaient aux pouvoirs publics, dans leurs nombreux rapports, la situation fâcheuse qu'ils avaient chaque jour sous les yeux.

Enfin, en 1886, le gouvernement fut convaincu du bien fondé de toutes ces observations et réclamations. Il publia le décret du 10 septembre qui renversa complètement les principes de la législation observés jusqu'alors en matière musulmane.

Aux termes de ce nouveau décret, le juge français devint pour les musulmans le juge de droit commun et le cadi ne fut plus pour eux que le juge d'exception.

Ce dernier n'avait en effet plus compétence que pour les questions relatives au statut personnel, aux successions et aux immeubles dont la propriété n'est pas établie conformément à la loi du 26 juillet 1873 ou par un titre français administratif ou judiciaire.

Ce décret donna en grande partie satisfaction à l'opinion publique; mais son application ne tarda pas à démontrer que de nouvelles modifications s'imposaient.

Alors parut le décret du 17 avril 1889 que je vais examiner.

L'exposé rapide que je viens de faire de la législation algérienne en matière musulmane, laisse voir sans peine que le législateur dans les diverses transformations par lesquelles il a conduit cette dernière s'est sans cesse inspiré de cette double pensée : d'une part, respecter aussi scrupuleusement que possible les mœurs, les croyances, les sentiments religieux et de famille des indigènes, apporter d'autre part dans l'organisation, de leur justice, l'esprit à la fois le plus libéral et le plus bienveillant.

Son but a été d'amener insensiblement par les bienfaits d'une justice éclairée, sûre, exempte de toute grave critique, l'indigène à une assimilation progressive.

Dans le décret du 17 avril 1889 on a obéi au même mobile, on a recherché les mêmes résultats.

Au point de vue de la compétence des magistrats français, les dispositions du décret du 10 septembre 1886 ont été remises en vigueur ; toutefois, de nouvelles modifications y ont été introduites.

D'après l'article 3 de ce décret, *à moins de déclaration contraire* la réception par un officier public français de la convention originaire, importe de plein droit renonciation par les indigènes à l'application de leurs mœurs et coutumes et les soumet à la loi française.

2° Aux termes du paragraphe 3 art. 7 du même décret, les parties sont réputées avoir accepté la juridiction française et l'application de notre loi lorsque le défendeur s'est borné à demander un renvoi pour présenter sa défense ou même *lorsqu'il a laissé prendre un jugement contre lui.*

Je suis loin de critiquer la première de ces dispositions ; j'en approuve au contraire pleinement l'esprit qui l'a dicté. Mais, je ne puis, cependant, m'empêcher d'adresser un reproche à sa rédaction.

Ce que l'on doit éviter en toute chose et

surtout en justice, c'est que des surprises puissent se produire. C'est cependant ce qui a lieu dans l'application des articles 3 et 7 du décret de 1887.

Et, en effet, dans la pratique, quel est l'officier public français, qui, au moment de la passation d'un acte, alors qu'il n'y est contraint par aucune disposition légale, appellera l'attention des indigènes, parties contractantes, sur les conséquences du choix qu'ils ont fait de sa personne et leur demandera si elles veulent déclarer expressément qu'elles entendent être régies par la loi musulmane.

Les conditions du contrat seront débattues devant lui ; acte sera dressé de ces conditions, traduction du dit acte en sera faite aux parties ; et, plus tard, lorsque des difficultés surviendront, quel ne sera pas leur étonnement d'apprendre qu'elles ont contracté sous l'empire de la loi française, parce qu'elles n'auront pas déclaré expressément vouloir être régies par la loi musulmane. J'aurais mieux aimé que les mots « à moins de déclaration contraire » n'eussent pas été insérés dans le paragraphe 3.

Le législateur eut ainsi plus nettement et plus franchement exprimé sa volonté, d'étendre encore d'avantage la matière soumise à notre législation et de la sorte eut évité qu'on pût dire de lui qu'il a voulu arriver quand même, mais d'une façon indirecte, au but qu'il se proposait d'atteindre.

Il en est bien autrement de l'art. 7, paragraphe 3.

Cet article ne reçoit d'application qu'en cas d'appel, puisqu'en matière musulmane, les jugements de défaut rendus par les juges de paix ne sont pas susceptibles d'opposition.

Dans le droit français, nos lois ont institué toutes sortes de garanties pour permettre au défendeur d'avoir recours contre le jugement de défaut qui prononce une condamnation contre lui.

Il faut, si ce jugement est rendu par un tribunal de première instance ou de commerce, que la décision soit notifiée par un huissier spécialement commis ; bien plus, le défendeur a le droit de former opposition tant qu'il ne résulte pas d'un acte quelconque qu'il a eu personnellement connaissance de la sentence que son adversaire veut exécuter contre lui.

En matière musulmane ainsi que nous le verrons plus loin, le jugement de défaut n'existe pas à proprement parler.

Tous les jugements contradictoires ou par défaut sont considérés comme de véritables jugements contradictoires.

Il y a là déjà une anomalie assez inexplicable ; et, cette anomalie devient plus grande encore, si l'on songe que le défendeur qui n'a pas comparu ou n'a pas pu comparaître, est légalement considéré avoir, par son absence, tacitement accepté la juridiction française.

Ainsi, en tête du décret de 1889 on paraît prendre pour règle dans les cas spécifiés dans l'article premier, l'application de la loi musulmane aux musulmans résidant en Algérie ; et cependant, dès l'article 7 de ce même décret on fait fléchir ce principe en appelant à son aide des formalités de procédure que les indigènes en raison de circonstances fortuites peuvent être dans l'impossibilité d'observer.

La contrariété de dispositions de ces deux articles heurte la logique et réclame hautement la suppression du paragraphe 3, *in fine* de l'article 7 de ce décret.

En dehors de ces deux considérations il est un autre point relatif à la compétence des juges de paix, sur lequel je crois devoir appeler toute votre attention.

L'article premier pose comme règle que les musulmans sont régis par la loi musulmane pour ceux de leurs immeubles dont la propriété n'est pas établie conformément à la loi du 26 juillet 1873 ou par un titre Français administratif, notarié ou judiciaire.

Ce texte est des plus clairs.

D'autre part, l'article 6 est ainsi conçu :

« Dans tous les cas où la loi Française est applicable, les musulmans sont justiciables de la juridiction Française. »

Il ne devrait donc y avoir jamais de doute, au point de vue de savoir devant quel tribunal doit être portée une action immobilière relative à un immeuble dont la propriété n'est pas établie conformément à la loi de 1873 ou par un titre Français notarié ou judiciaire.

Le cadi, d'après les articles 1 et 6 du décret de 1889, serait le seul compétent pour cette action.

Mais aux termes de l'article 19 du même décret, les cadis connaissent en dernier ressort des contestations concernant les successions dont la valeur est inférieure à 500 fr. en principal et en premier ressort de toutes les contestations relatives aux statuts personnels et de celles concernant les successions dont la valeur dépasse 500 fr.

Comme on le voit, on ne parle en aucune

façon de la compétence des cadis en matière immobilière.

D'autre part, l'article 26 déterminant la compétence des juges de paix en matière musulmane dit que ces derniers connaissent en dernier ressort des actions immobilières dont la valeur n'excède pas 500 fr. et en premier ressort de ces actions lorsqu'elles sont inférieures à cette somme.

Ce serait donc, d'après les articles 19 et 26, devant les juges de paix que les actions immobilières devraient être portées sans qu'on n'aie à s'inquiéter de la façon dont la propriété est établie.

Comment concilier ces dispositions législatives qui chevauchent les unes sur les autres, se contredisent, et dont les effets s'annulent réciproquement.

Il n'y a qu'un seul moyen à employer pour faire disparaître ce véritable *casse-tête chinois judiciaire*, c'est d'ajouter à l'article 19 un paragraphe attribuant spécialement aux cadis juridiction pour les litiges concernant les immeubles visés dans l'article premier.

### DE LA PROCÉDURE EN MATIÈRE MUSULMANE DEVANT LES JUGES DE PAIX

La procédure que les indigènes ont à suivre devant les juges de paix ne ressemble en rien à celle imposée aux européens devant ces magistrats.

L'assignation est remplacée par un simple avertissement contenant les nom, prénoms, profession et demeure du demandeur, l'objet sommaire de la demande, le jour, l'heure et le lieu de la comparution.

Si l'indigène comparaît sur cet avertissement l'affaire est jugée sur le champ, à moins que le juge n'estime que son importance exige que le prononcé de son jugement soit renvoyé à la plus prochaine audience.

Si au contraire il fait défaut et si le magistrat pense qu'un débat contradictoire est nécessaire, il fixe une nouvelle audience pour laquelle un nouvel avertissement est donné et, à cette seconde audience, il rend son jugement qui a tous les effets d'un jugement contradictoire.

Cette procédure présente un très grand avantage en raison de la rapidité avec laquelle le litige est vidé, comme aussi en raison des frais peu élevés qu'elle occasionne; mais elle n'est pas sans dangers pour les justiciables.

Et, en effet, d'une part, ces avertissements, dressés par les greffiers, ne sont pas remis aux défendeurs par des huissiers Français; leur remise a lieu par le ministère d'aouns (sorte d'huissiers indigènes).

Mon intention n'est pas de critiquer la corporation des aouns; mais, le recrutement de ses membres auxquels aucun stage n'est demandé me semble défectueux. Et puis, je me fais difficilement à l'idée qu'ils soient pénétrés comme nos huissiers Français de l'importance de leur ministère et du sentiment de l'exactitude la plus scrupuleuse qu'ils doivent apporter dans leurs actes.

D'autre part, le décret de 1889 n'oblige pas les aouns à remettre *dans tous les cas* les avertissements à personne ou à domicile.

Aux termes de l'article 33 ils n'y sont contraints que lorsque le défendeur habite le siège même de la justice de paix. Dans tous les autres cas ils doivent faire parvenir aux intéressés les deux avertissements soit par lettre chargée, soit par l'entremise de l'administrateur de la circonscription dans laquelle ces derniers sont domiciliés.

Il ne me vient pas à l'esprit de supposer que l'aoun ne se conformera pas *rigoureusement* aux dispositions ci-dessus relatées, mais, en admettant même que ces obligations légales soient remplies, comment pourra-t-on avoir la certitude que le défendeur a été touché et *surtout touché à temps* par ces avertissements?

Lorsqu'il s'agira d'une localité desservie par un bureau de poste, et, si le défendeur se trouve chez lui pour se faire délivrer la lettre chargée qui lui est ainsi adressée, la preuve de la remise pourra être rapportée par la production de l'accusé de réception qui aura été délivré à l'administration, par le destinataire.

Mais, si ce destinataire est en ce moment absent de chez lui, personne ne pourra retirer la lettre chargée et le facteur après s'être présenté trois ou quatre fois, retournera la lettre au bureau d'expédition.

Pendant ce temps, le délai imparti s'écoulera; à la nouvelle audience, le défendeur ne comparaîtra pas, et, lorsqu'on viendra exécuter chez lui ce jugement auquel il ne pourra former opposition, il sera tout surpris d'apprendre qu'il a été en procès avec son adversaire, que ce procès est jugé, qu'il l'a perdu et si le jugement est en dernier ressort qu'il doit payer le capital et tous les frais à peine de voir saisir.

Il en sera de même lorsque l'aoun aura recours à l'entremise de l'administrateur.

Et, en effet, la responsabilité de ce dernier sera dégagée par le seul fait de la remise par lui de l'avertissement au chef du douar du défendeur ; mais, quelle garantie aura-t-on que le chef du douar aura effectivement à son tour transmis à l'intéressé l'avertissement.

Il pourra oublier la copie dans sa tente ou la confier à un tiers pour en opérer la remise. Et, s'il est mal avec le défendeur et s'il conserve par devant lui l'avertissement! le jugement n'en sera pas moins considéré comme contradictoire et le défendeur exécuté malgré ses protestations.

J'ignore si les nombreuses réclamations qui depuis la mise en vigueur du décret de 1889 se sont élevées jusqu'à ce jour de la part des indigènes qui au moment de l'exécution affirmaient n'avoir jamais reçu d'avertissement et ignorer même qu'ils étaient en procès avec leurs adversaires, sont fondées.

Toutefois ces réclamations ne me paraissent pas invraisemblables ; et, à mon avis, il suffit qu'il soit possible que ces protestations puissent être fondées pour que tout ce système, quelque avantage qu'on en retire, soit condamné.

Il faut donc y renoncer.

Il y a auprès des justices de paix des fonctionnaires naturellement désignés pour la remise de ces avertissements ; ce sont nos huissiers.

Exigez que ces avertissements soient donnés à personne ou à domicile quelle que soit la résidence du défendeur et permettez qu'opposition puisse être formée au jugement toutes les fois que les deux avertissements ou l'un d'eux seulement n'aura pas touché personnellement le défendeur.

Vous ferez ainsi bénéficier les indigènes des avantages du décret de 1889 et vous éviterez en même temps que des erreurs judiciaires qui peuvent être le fait volontaire ou involontaire de la part de tiers soient commises.

On objectera peut-être que la remise au défendeur, personnellement ou à son domicile, par le ministère d'huissier aura pour conséquence d'augmenter les frais judiciaires.

Je reconnais le fait mais je me hâte d'ajouter que ces frais seront peu élevés surtout si l'on a recours en cette matière à un tarif spécial.

Dans tous les cas quelques francs de plus à ajouter aux frais d'un procès ne sauraient être mis en parallèle avec les conséquences si fâcheuses signalées plus haut auxquelles la procédure actuelle nous conduit.

Les appels des jugements rendus par les cadis et les juges de paix sont portés à l'exception de ceux rendus dans l'arrondissement d'Alger devant le tribunal civil de l'arrondissement.

L'appel peut être interjeté toutes les fois qu'il s'agit d'une contestation relative au statut personnel, ou d'une demande supérieure à 500 francs, concernant une succession ou encore d'une action civile commerciale mobilière ou immobilière dont la valeur excède 500 francs.

A propos de la compétence des juges de paix en matière ordinaire j'ai fait valoir des considérations qui, selon moi, doivent vous déterminer à abaisser à 300 francs la compétence de ces magistrats en dernier ressort. Par les mêmes motifs je demanderai que les cadis et les juges de paix statuant en matière musulmane ne soient compétents en dernier ressort que jusqu'à cette somme inclusivement.

Le délai imparti pour interjeter appel est de trente jours. Ce délai commence à courir à partir du jour de la remise de l'avertissement contenant la date du jugement, les noms, professions et demeures des parties, le dispositif du jugement et le tribunal duquel il émane.

Passé ce délai l'appel n'est plus recevable.

Mais ici se présente avec beaucoup plus de gravité encore, le danger que j'ai signalé précédemment.

Et en effet, ce nouvel avertissement contenant énonciation de la sentence rendue doit, aux termes de l'article 41, être notifié dans les mêmes conditions que ceux introductifs d'instance.

C'est donc encore à l'administration des postes ou à l'entremise de l'administrateur que l'on a recours dans la plupart des cas ; c'est-à-dire qu'il n'y aura jamais qu'une simple présomption que la partie condamnée a dû connaître la décision rendue contre elle, et cependant la déchéance est formelle et ce fait doit d'autant plus attirer votre attention que les cadis et les juges de paix statuant en premier ressort ont une compétence illimitée.

Un justiciable peut donc d'un moment à l'autre, sans avoir été mis à même de se défendre, sans connaître le procès engagé contre lui être irrémédiablement entraîné vers sa ruine par une circonstance indépendante de sa volonté comme aussi par un sentiment de malveillance du chef de son douar.

Quelles raisons pourrait-on donner pour demander qu'une procédure si défectueuse soit plus longtemps maintenue ?

On ne saurait en trouver.

A mon avis, il est indispensable pour la sauvegarde des droits du défendeur que la déchéance du droit d'appeler ne puisse le frapper que lorsqu'il aura été en situation de connaître le jugement de condamnation rendu contre lui ; et, cette connaissance ne peut résulter que d'une signification ou avertissement qui lui sera remis à personne ou à domicile par le ministère de fonctionnaires français.

Il y aurait donc lieu de modifier de ce chef et dans ce sens le décret de 1889.

Une autre modification doit aussi, selon moi, être introduite dans la procédure d'appel.

On s'est proposé comme but, dans la rédaction de ce décret, de restreindre, autant que possible, le chiffre des frais de justice à supporter par les indigènes.

Néanmoins, dans l'article 43 on impose tant à l'appelant qu'à l'intimé l'obligation de déposer des conclusions écrites signées par un défenseur, un avocat ou un avoué, lesquelles seront taxées 10 francs au moins et 20 francs au plus.

Je reconnais que le dépôt de conclusions écrites effectué 24 heures au moins avant l'appel de l'affaire, facilite au magistrat rapporteur et au tribunal, l'étude du procès en fixant les points du débat ; mais, pourquoi rendre obligatoire et faire entrer en taxe ce dépôt de conclusions ; et, si le litige donne lieu à plusieurs décisions préparatoires arriver ainsi à doubler et même à tripler le chiffre des frais d'appel.

Il serait bien plus simple de revenir à l'ancien état de chose d'après lequel la veille de l'audience les parties étaient entendues personnellement par le magistrat rapporteur dans leurs explications sauf à elle à prendre le lendemain à la barre du tribunal oralement ou par écrit mais sans frais les conclusions qu'elles jugeaient dans leur intérêt de soutenir.

Je terminerai cette étude du décret du 17 avril 1889 par un dernier mot sur le droit de recours en cassation que ce décret institue en faveur des indigènes contre les jugements et arrêts définitifs.

Ce droit ne peut-être exercé que dans deux cas :

1° Lorsque la décision a été rendue par un magistrat ou un tribunal incompétent ;

2° Lorsqu'il y a eu excès de pouvoir ;

Limiter à ces deux seuls cas le recours en cassation, c'était inévitablement ériger du même coup tous les tribunaux, tous les juges de paix et même les cadis de l'Algérie en autant de véritables cours suprêmes.

Ils peuvent en effet à leur gré appliquer la loi musulmane, la loi française, ou à la fois la loi musulmane et la loi française combinées ou bien encore ni la loi musulmane ni la loi française.

Aucun contrôle n'existe au-dessus d'eux aussi n'est-il pas surprenant de voir les mêmes questions de droit résolues souverainement à quelques jours d'intervalle seulement de plusieurs façons différentes par les décisions émanant de tribunaux hiérarchiquement égaux supérieurs ou inférieurs les uns aux autres.

N'avez-vous pas pour devoir lorsque de semblables faits vous sont signalés d'empêcher qu'ils se reproduisent.

Vous y parviendrez en donnant aux indigènes le droit de recours en cassation dans les mêmes conditions que celles déterminées par le législateur pour les jugements et arrêts ordinaires.

Aux débuts de ma réponse, j'ai signalé l'état d'infériorité dans lequel se trouvent, à leur entrée dans la carrière, vis-à-vis de leurs collègues de France, nos magistrats d'Algérie.

Je les ai montrés, mettant dans les conditions d'existence les plus pénibles en moyenne six et même huit années avant d'obtenir les postes confiés aux débutants dans la magistrature de la métropole.

Cet état d'infériorité se continue et les poursuit jusqu'au terme de leur carrière.

Ils feront partie d'un tribunal de première instance ou d'une cour ; mais, ils n'acquerront pas pour cela l'inamovibilité attachée aux fonctions de leurs collègues de France.

Et cependant, au point de vue de leur classement, ils n'en seront pas moins comme ces derniers régis par les dispositions de la loi du 31 août 1883 sur la réforme de l'organisation de la magistrature.

Les esprits sont divisés sur la question de savoir si l'inamovibilité doit être maintenue aux magistrats de la métropole.

Les uns pensent qu'il y a peut-être un danger pour le gouvernement à ne pouvoir les traiter comme de simples fonctionnaires ; ils affirment que l'inamovibilité est

Incompatible avec le gouvernement républicain.

D'autres, je suis de ceux-là, estiment que l'inamovibilité de la magistrature est une garantie précieuse pour le magistrat et surtout pour le justiciable et que son principe est au contraire une conséquence de notre forme de gouvernement.

Le juge, dans les décisions qu'il rend, ne peut et ne doit relever que de sa conscience.

Il n'a de compte à rendre à personne des sentences qu'il prononce en premier ressort, sous le contrôle du tribunal qui lui est hiérarchiquement supérieur, et en dernier ressort, sous le contrôle de la cour en cassation.

Seule l'inamovibilité lui donne l'indépendance absolue.

Sans l'inamovibilité il y aurait à craindre que parfois il ne soit exposé à des défaillances qui auraient pour résultat de mettre en péril et la fortune du justiciable et le b an renom d'impartialité de notre magistrature.

Ces considérations sont sans aucun doute celles qui ont décidé le législateur à proclamer l'inamovibilité des juges de première instance et d'appel, des membres de la cour de cassation et de la cour des comptes.

C'est encore grâce à elles que ce principe fut à nouveau consacré dans la Constitution du 4 novembre 1848, alors que quelques mois auparavant le décret du 17 avril de la même année avait conféré au ministre de la justice, comme mesure d'intérêt public, le droit de suspendre temporairement et même de révoquer les fonctionnaires.

Si donc on reconnaît que dans la Métropole il est de toute nécessité que l'inamovibilité doive être maintenue, comment expliquer qu'elle soit refusée à nos magistrats d'Algérie malgré les réclamations, si souvent répétées, faites en leur nom par les chefs de la cour ?

Les juges d'Algérie ne sont-ils pas des juges au même titre que leurs collègues des départements français pour qu'ils soient traités différemment.

Leur situation est-elle changée parce que la mer Méditerranée sépare notre territoire de la France continentale ?

L'Algérie, pour laquelle la Mère-Patrie s'est jusqu'à ce jour imposé de si grands sacrifices, ne fait-elle donc pas partie de ce tout objet de notre ambition, de notre affection la plus chère : la Patrie Française !

Les intérêts des justiciables algériens ont droit à la même sauvegarde et aux mêmes garanties que les intérêts des justiciables de la Métropole.

La magistrature de l'Algérie, depuis 50 ans qu'elle fonctionne, a toujours fait largement son devoir et sa conduite, exempte de tous reproches, est loin de justifier l'apparence de défaveur, je dirai presque de suspicion qui semble résulter de l'exception dans laquelle on la maintient.

Ce serait donc faire acte de justice que d'assimiler la magistrature algérienne à la magistrature française en accueillant la légitime revendication qu'en son nom son honorable chef, M. Zeys, a porté devant vous.

Telles sont Messieurs, les observations que j'ai cru devoir vous soumettre quant à l'organisation et l'administration de la justice en Algérie.

C'est avec la plus grande confiance que je les livre à vos méditations ; car je suis persuadé que dans cette circonstance comme dans tous les cas soumis à votre haute compétence vous ne vous inspirez que d'un seul sentiment : l'intérêt général.

## F. MARCHIS,

*Membre du Conseil supérieur du Gouvernement de l'Algérie.*